HAIKUS Normandie

ALBA ESCAYO
&
FRANCK ROLLIER

ISBN-13:
978-1507601914

ISBN-10:
1507601913

Haiku es un tipo de poesía japonesa nacida en el siglo XVII. La palabra proviene de la mezcla de Haikai (juego) y Hokku (corto). La métrica es de tres rimas, 5-7-5 sílabas. El tema es siempre la naturaleza, la evocación de las estaciones y la presencia del autor en la escena .

En Julio de 2014 , los dos autores fueron a Normandía para continuar un trabajo que habían iniciado en Julio de 2013.

Contraction des termes Haikai (amusement) et Hokku (court), le Haiku est une forme poétique japonaise née au au XVII siècle. Rythmée en trois vers de 5, 7 et 5 pieds, elle s'inspire de la nature, évoquant les saisons et la présence de l'auteur dans la scène.

En juillet 2014, les deux auteurs ont poursuivi en Normandie un travail qu'ils avaient initié en juillet 2013.

Mixed with the Word Haikai (game) and Hokku (short), haiku is a Japanese poetic form born in the XVII century. The metric is three rhymes of 5,7,5 and it´s inspired by nature, evocation of the seasons and also the presence of the author in the scene.

In July 2014 ,the two authors went on in Normandy a work they started in July 2013.

Paraguas verdes,

Gaillón es de papel.

¡Llegó la lluvia !

Parapluies verts,

Un Gaillon de papier.

Voilà la pluie !

* *The green umbrellas, Gaillon is made of paper. Here is the rain !*

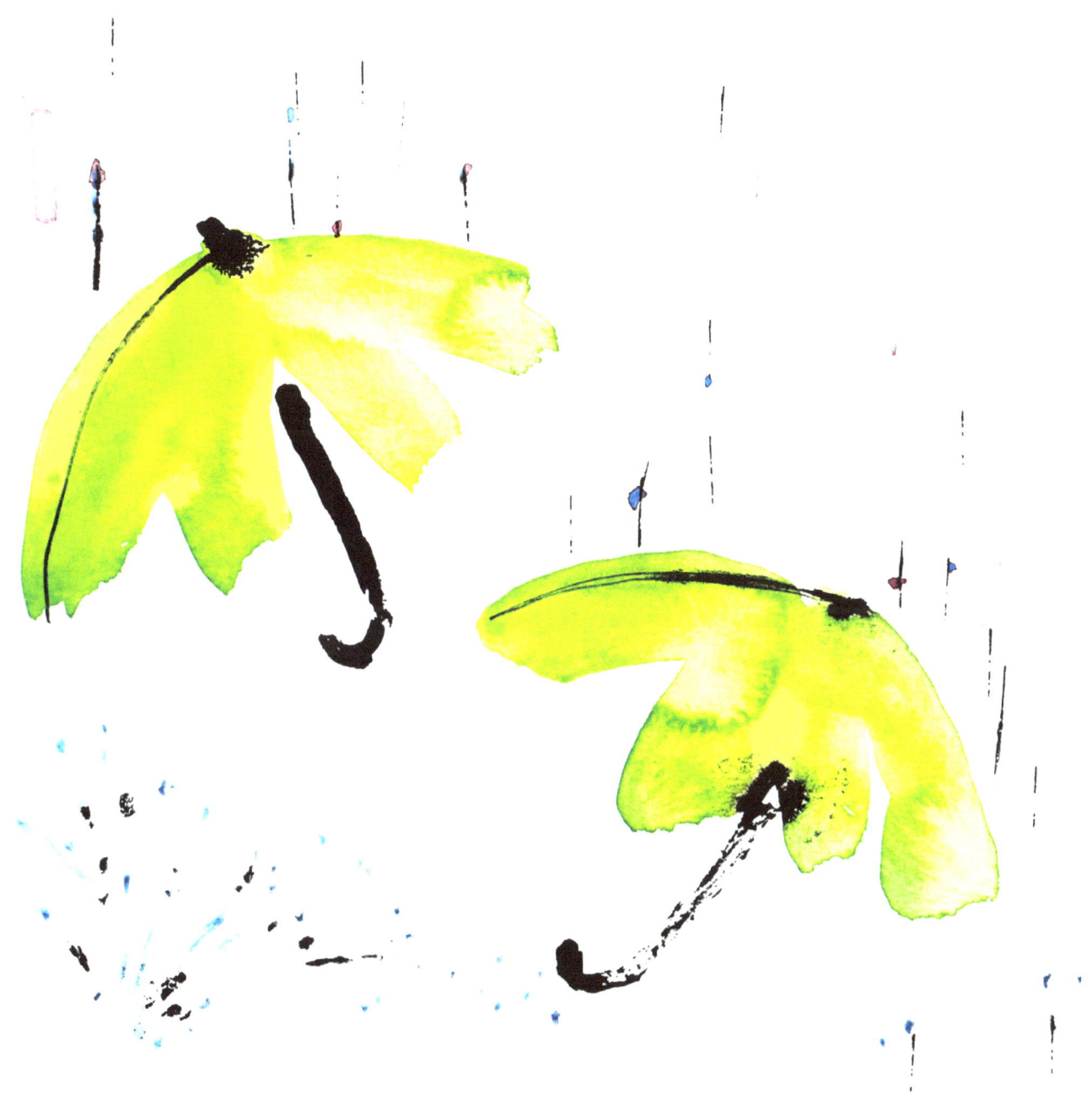

Flor del castillo,

espero al mediodía.

Oigo pio pio...

La fleur du château,

j'attends quand vient midi.

J'entends un piou piou...

* *The castle flower. I'm only waiting at noon. I hear tweet tweet...*

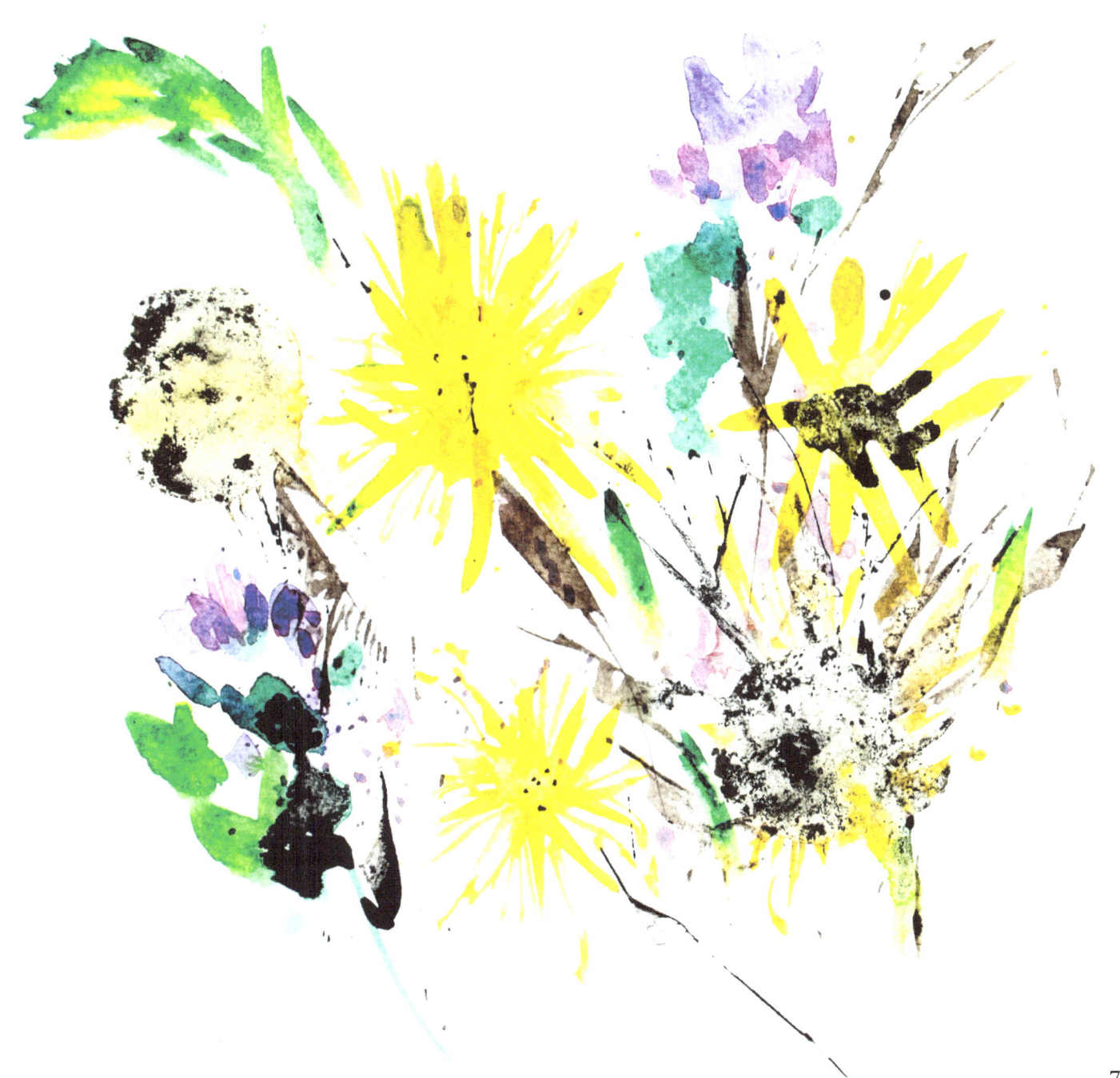

Un petirrojo,

solo dos cerezas hay,

árbol gris plata.

Un rouge-gorge,

seules sont deux cerises,

arbre gris argent.

* Small robin redbreast. Only two cherries remain, a silver grey tree.

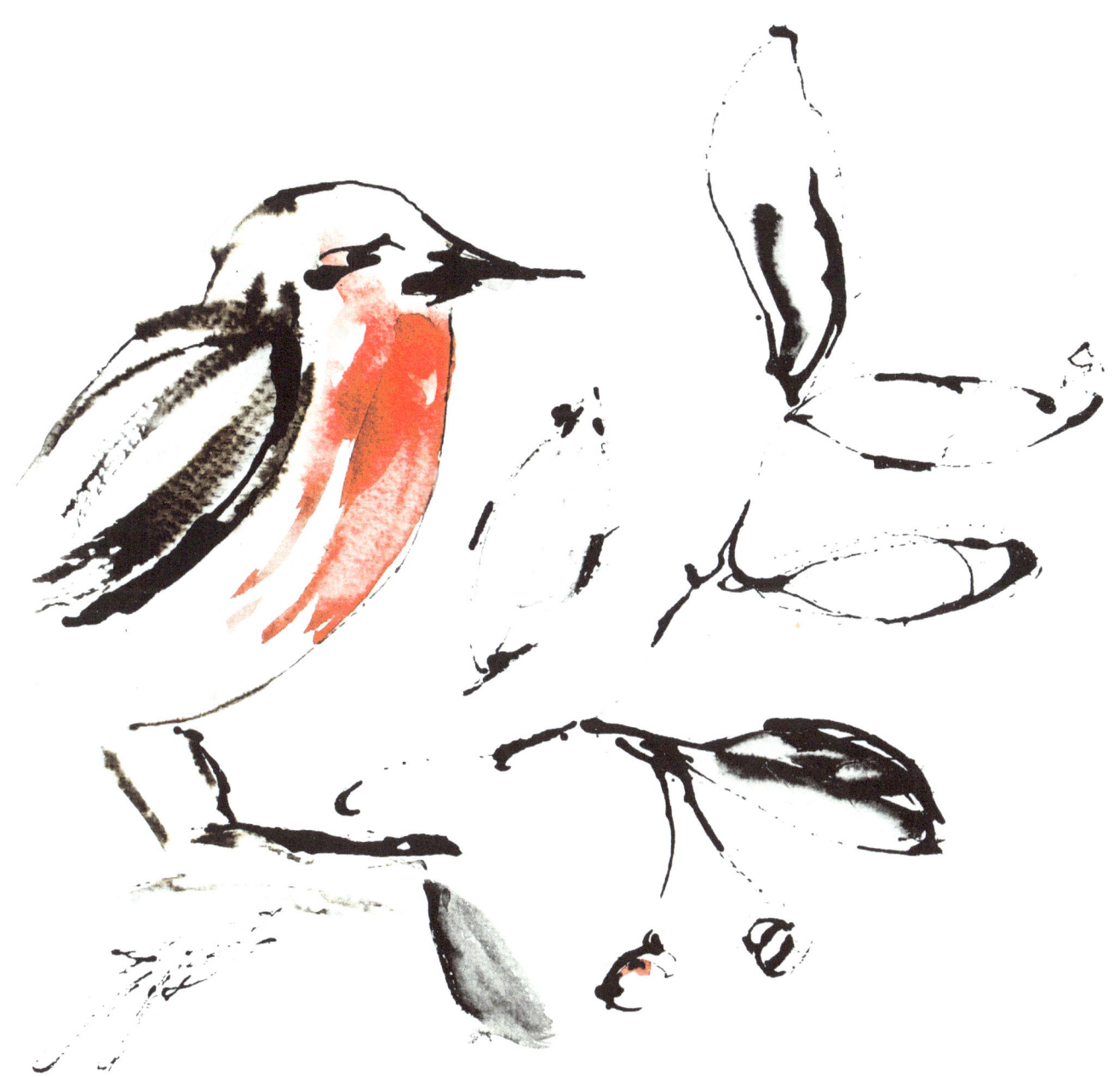

Ella reposa

ante mi almuerzo,

alas inquietas...

Elle se repose

juste devant mon dîner,

ailes inquiètes...

She rests landed just by my diner, suspenseful wings...

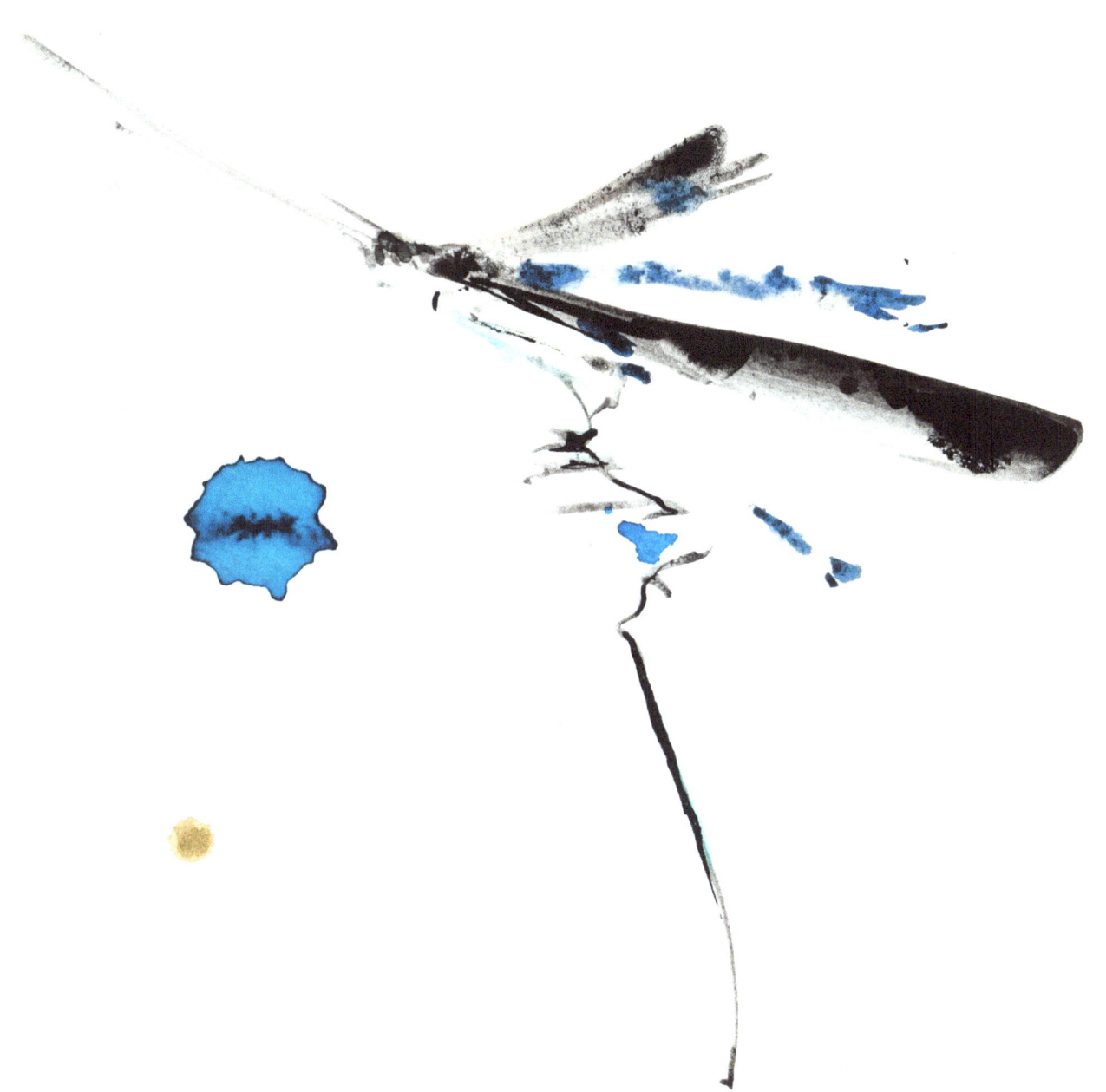

11

Pàjaro blanco.

Lo vi pasar gallardo,

rey del castillo.

Le grand oiseau blanc.

Gaillard je le vois passer,

le roi du château.

* *There the great white bird. I saw pass hearty fellow, king of the castle.*

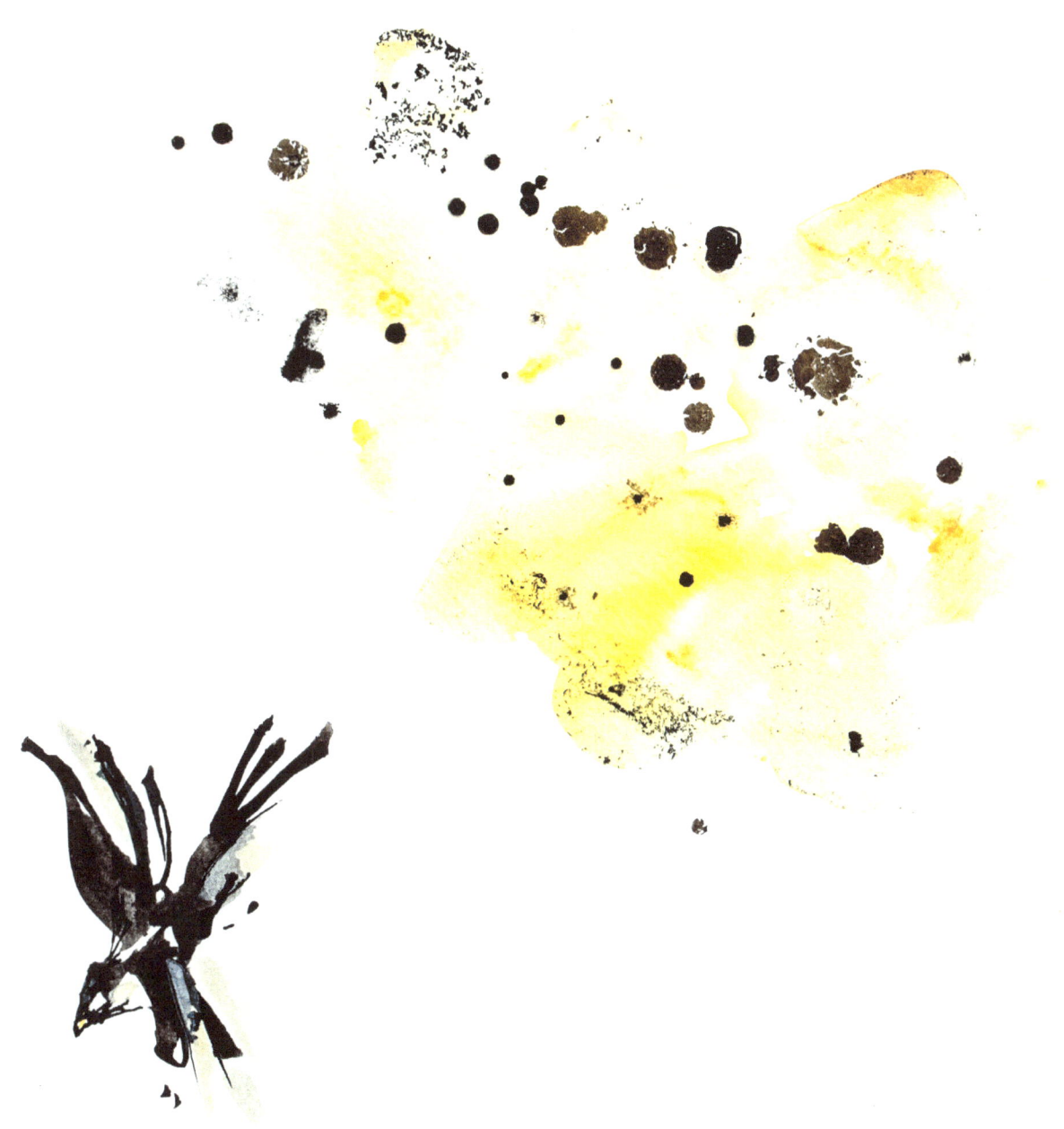

Golondrina gris,

detengo el tiempo.

Las hojas danzan...

Hirondelle grise,

dans ma main tient le temps.

Les feuilles dansent...

* Hey grey swallow bird, time is coiling in my hand. The leaves are dancing...

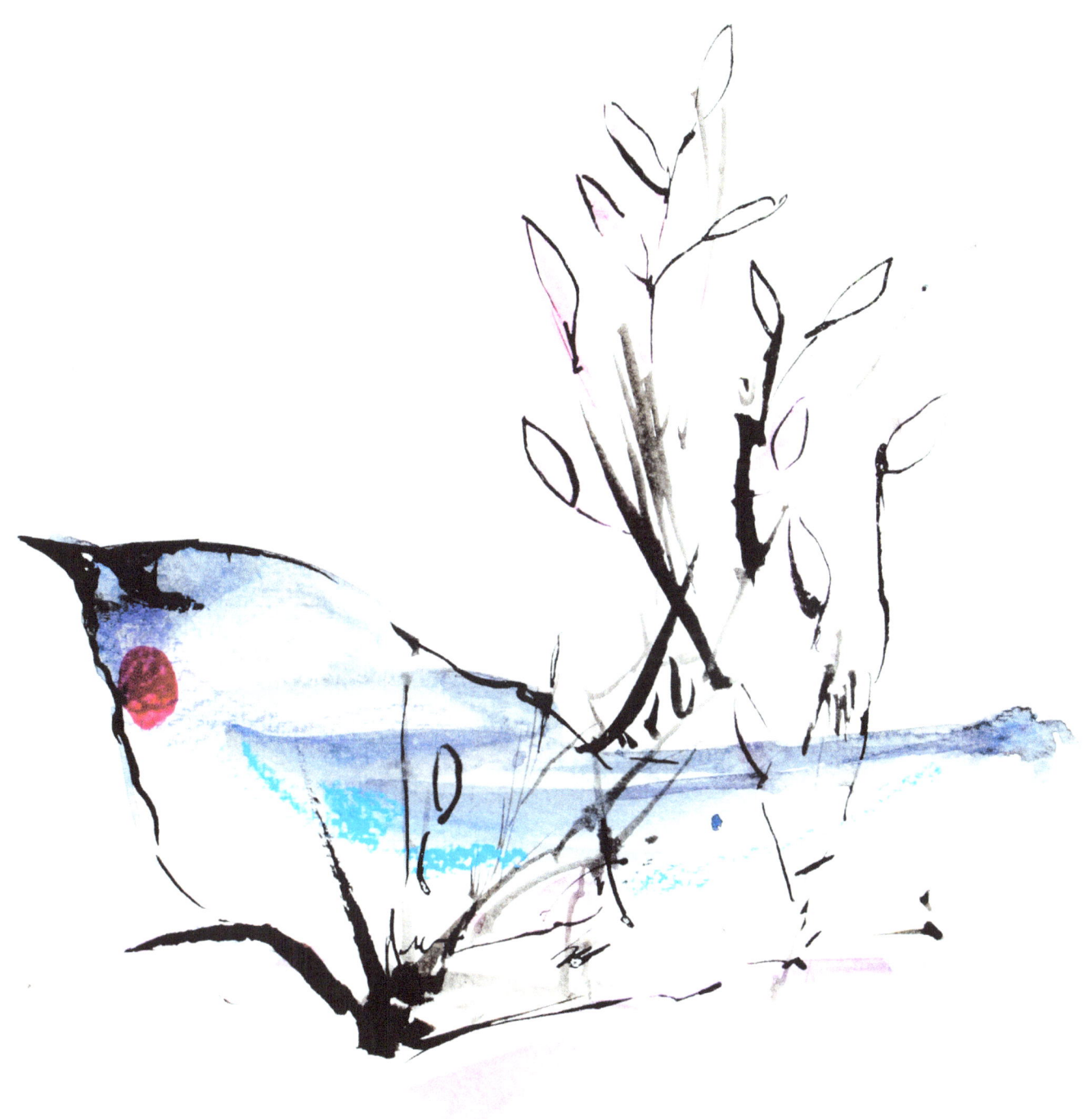

Despuès de llover,

yo voy por la ribera.

Ranas reposan...

La pluie tombée,

je vais à la rivière.

Grenouilles posées...

* After pouring rain. I go down to the river. Frogs resting just there...

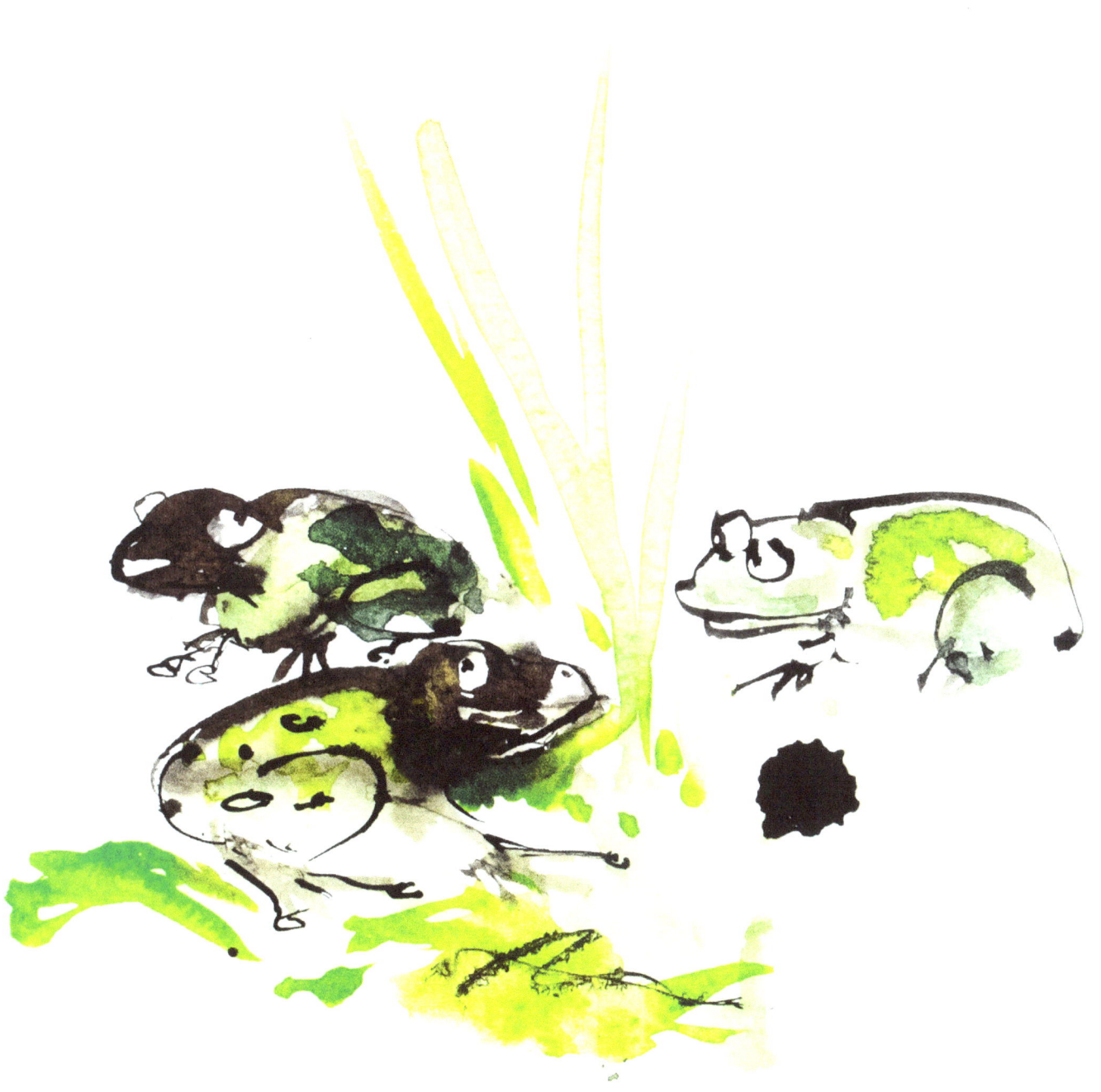

Trigo amarillo,

tormenta en el campo...

¿Es Normandia ?

Le blé est si jaune,

l'orage est sur le champ...

C'est la Normandie ?

So yellow the wheat, storm is coming on the field...This is Normandy ?

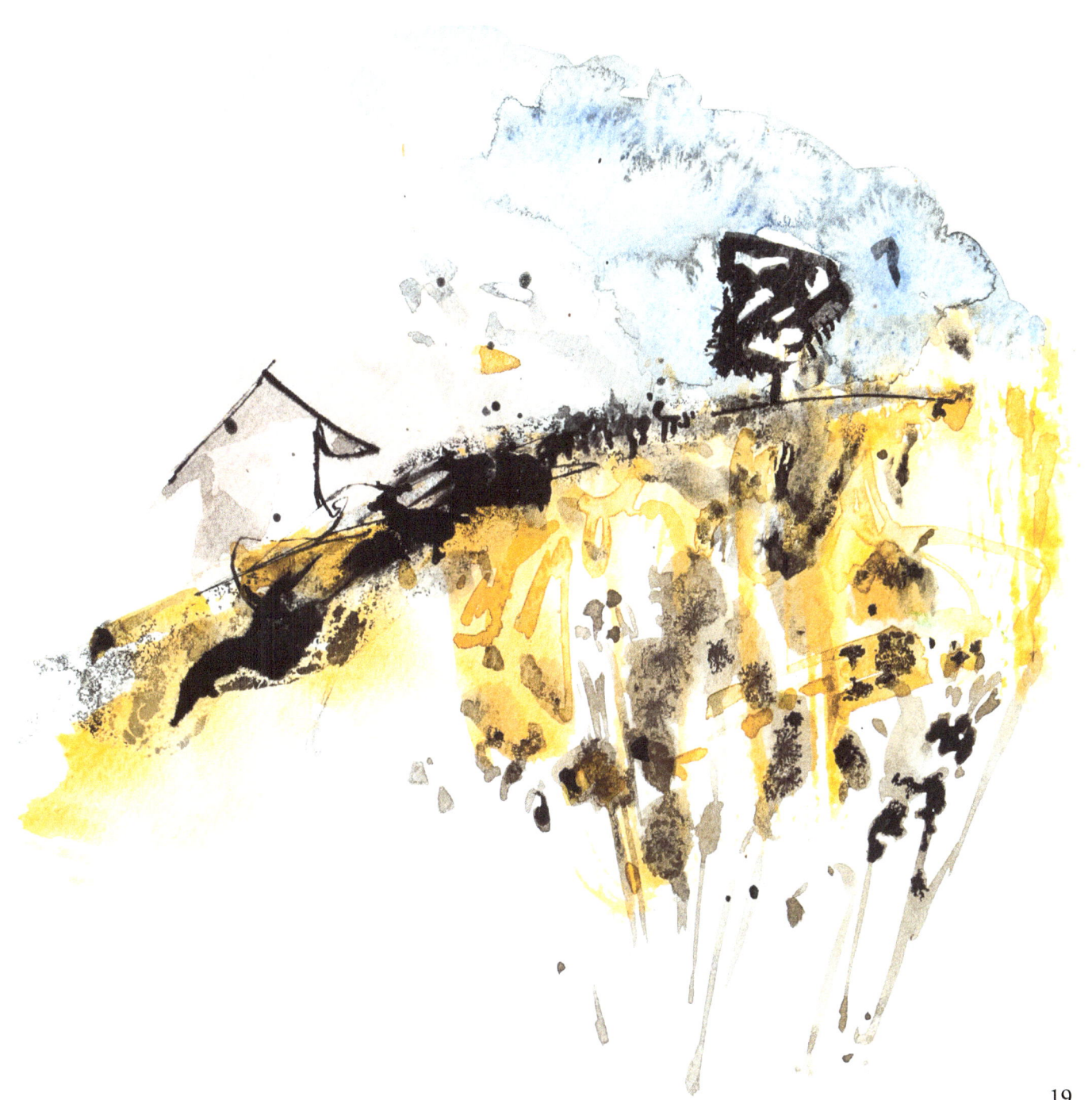

La hierba azul.

El bosque se despierta.

Pájaro lejos...

Sur l'herbe si bleue.

Le bois vient de s'éveiller.

Un oiseau au loin...

Ground under blue grass. The bushes are waking up. A far away bird...

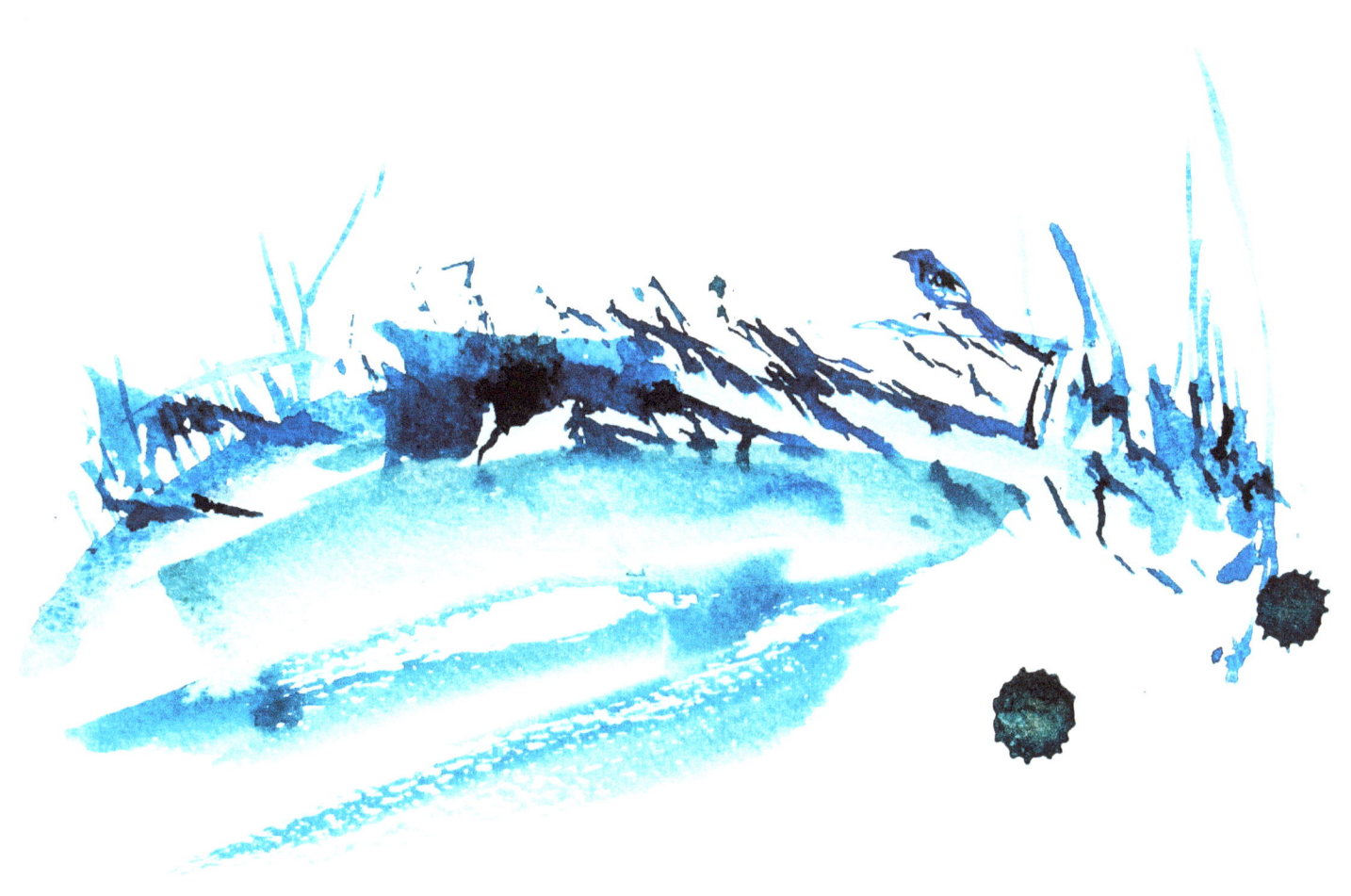

21

En el camino

tres avellanas están.

La hoja feliz.

Là sur le chemin

trois noisettes sur la terre.

La feuille heureuse.

There are on the lane three nuts waiting on the ground. Happy turn of leave.

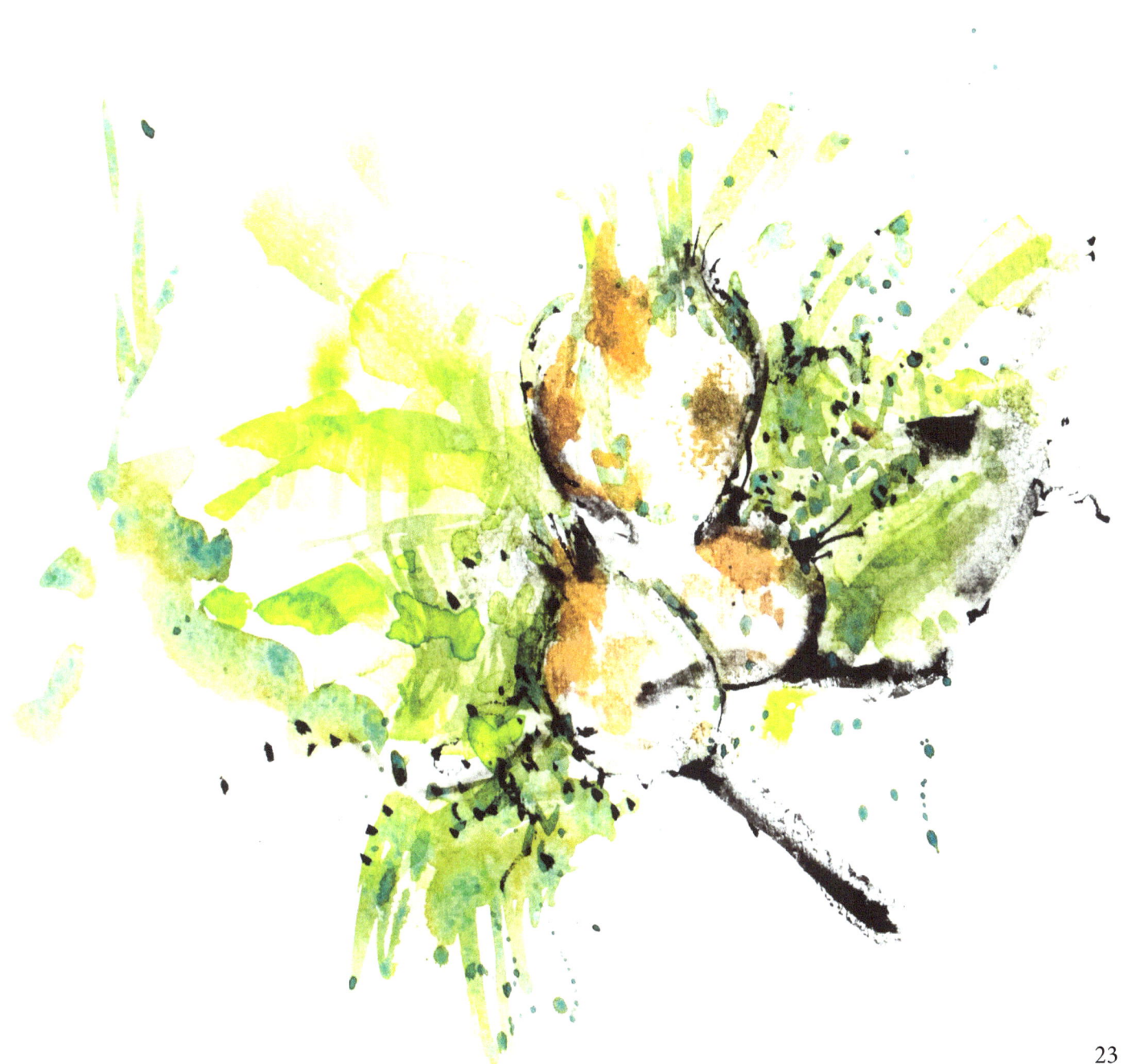

Las dos perdices

escondidas en ocre,

yo las encontré.

Couple de perdrix

dissimulées dans l'ocre,

je les rencontrai.

* The two partridges concealed in yellow ocher. I have met them both.

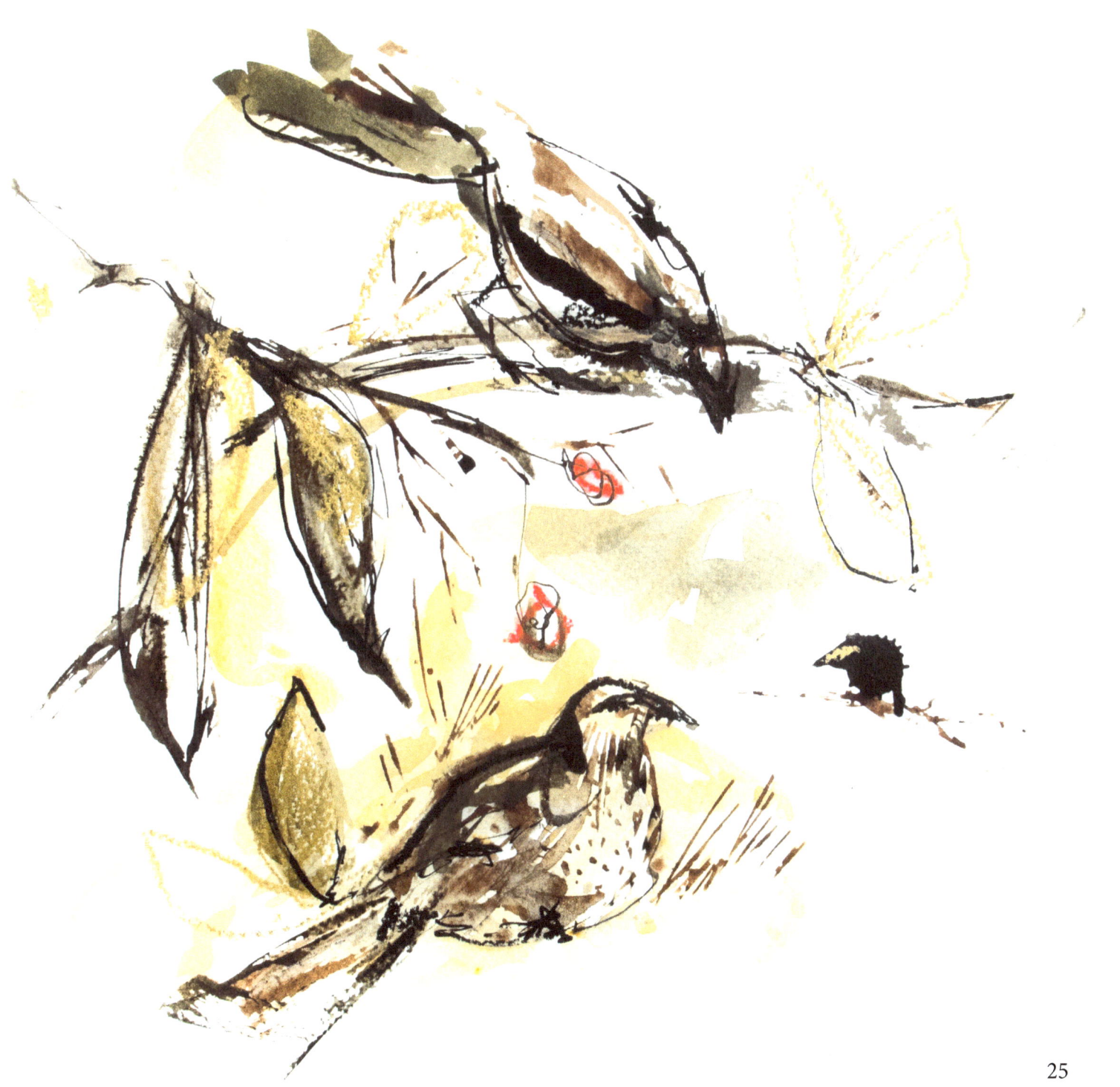

Peces franceses,

que nadan en el Sena...

Flotan alegres.

Les poissons français,

nageant dans l'eau de la Seine...

Ils flottent heureux.

Those are french fishes, who swim in the Seine river... So happy swimmers.

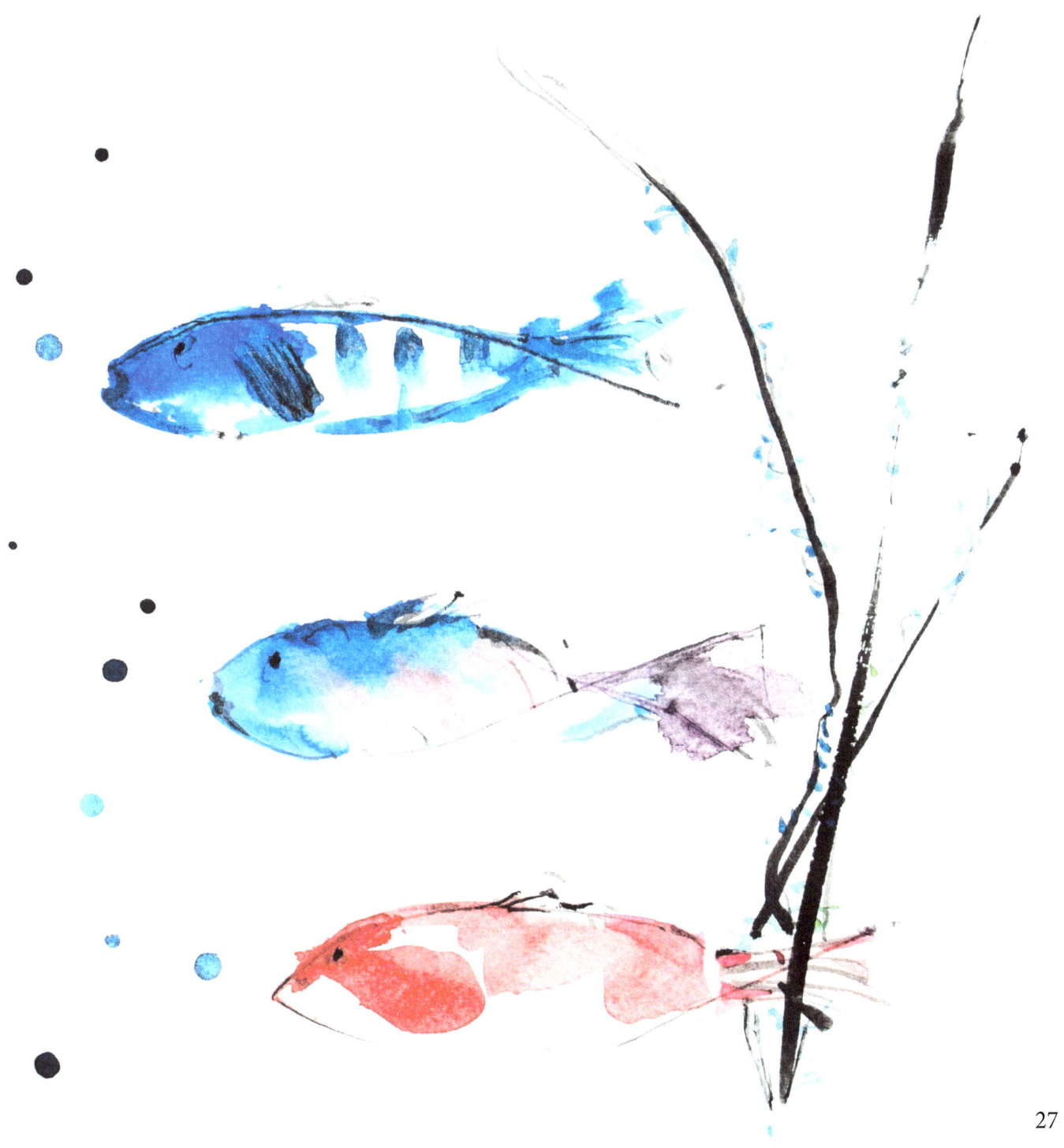

Pàjaro negro.

En el charco de agua,

lo oi cantar.

Le bel oiseau noir.

Dans la grande flaque d'eau,

j'entendis son chant.

A brand blacky bird. In his puddle of water, I have heard his song.

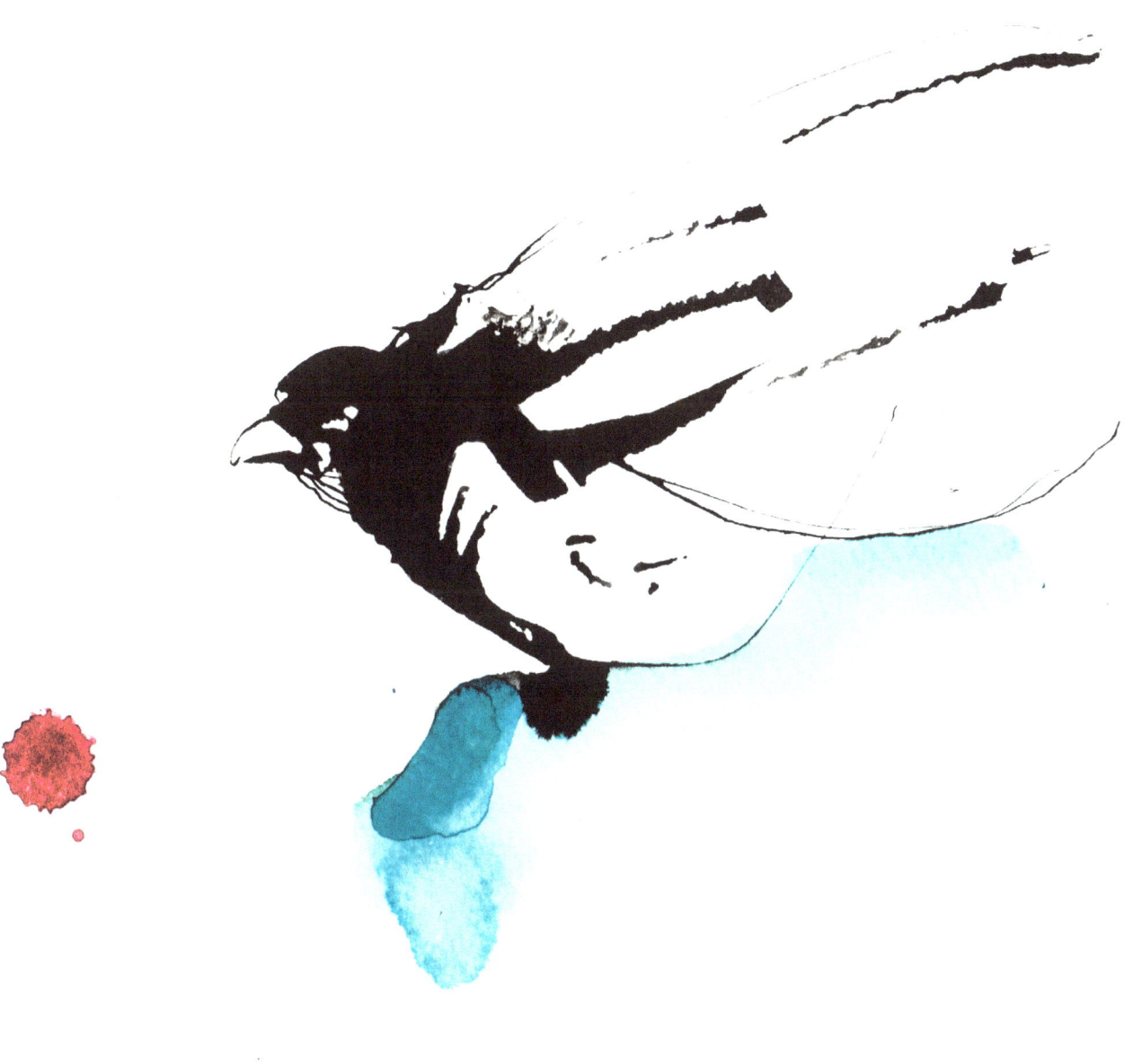

29

Crece tímida,

rama alta torcida,

azul brillante.

Elle va timide,

la haute branche tordue,

dans ses éclats bleus.

It's going shyly, the highest and twisted branch, in its blue brightness.

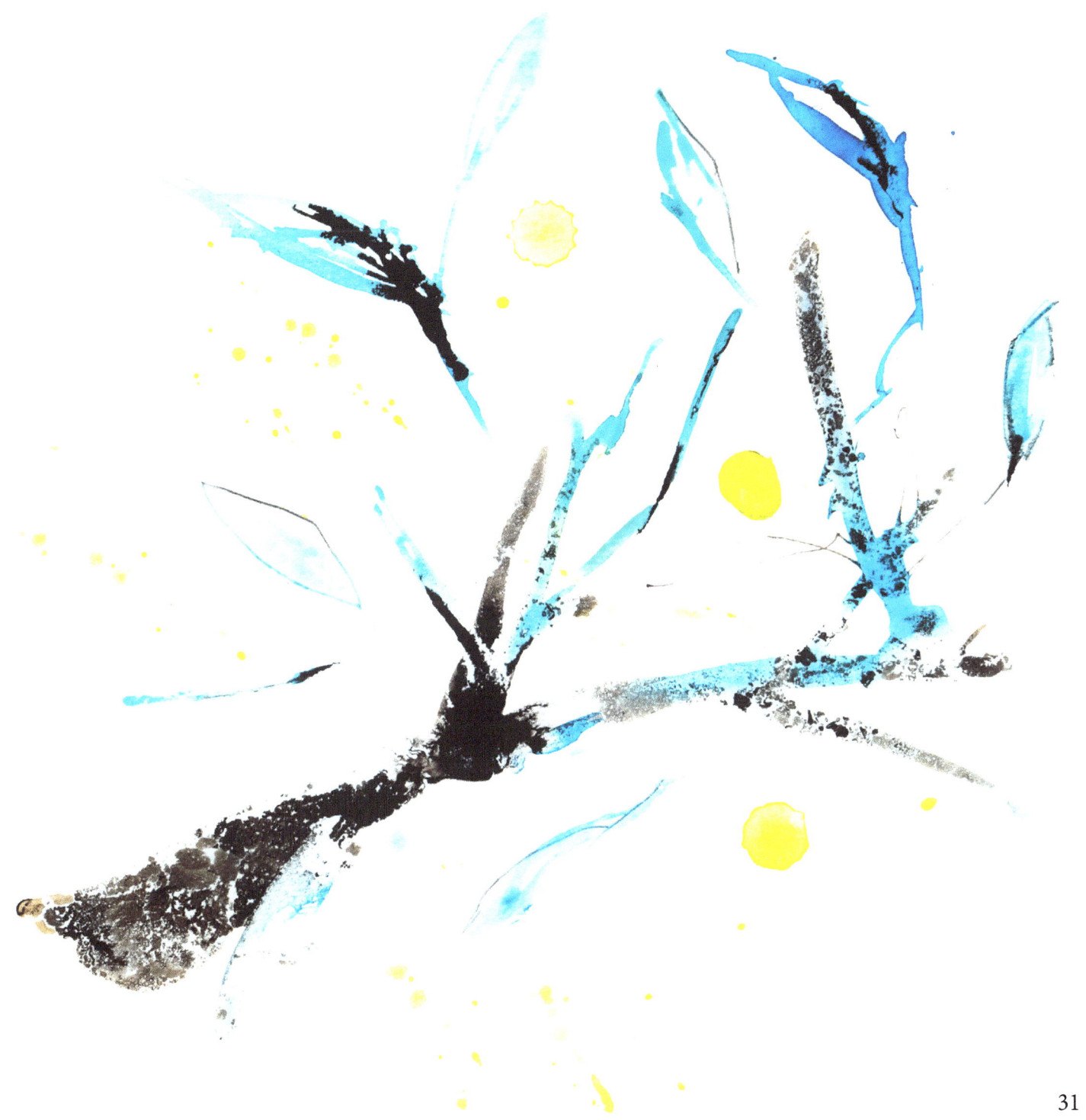

El campo verde,

lejos se van las ocas:

Saludo al sol !

La campagne verte,

au lointain s'en vont les oies :

Salut au soleil !

In green countryside, geese faraway are flying : Salute to the sun !

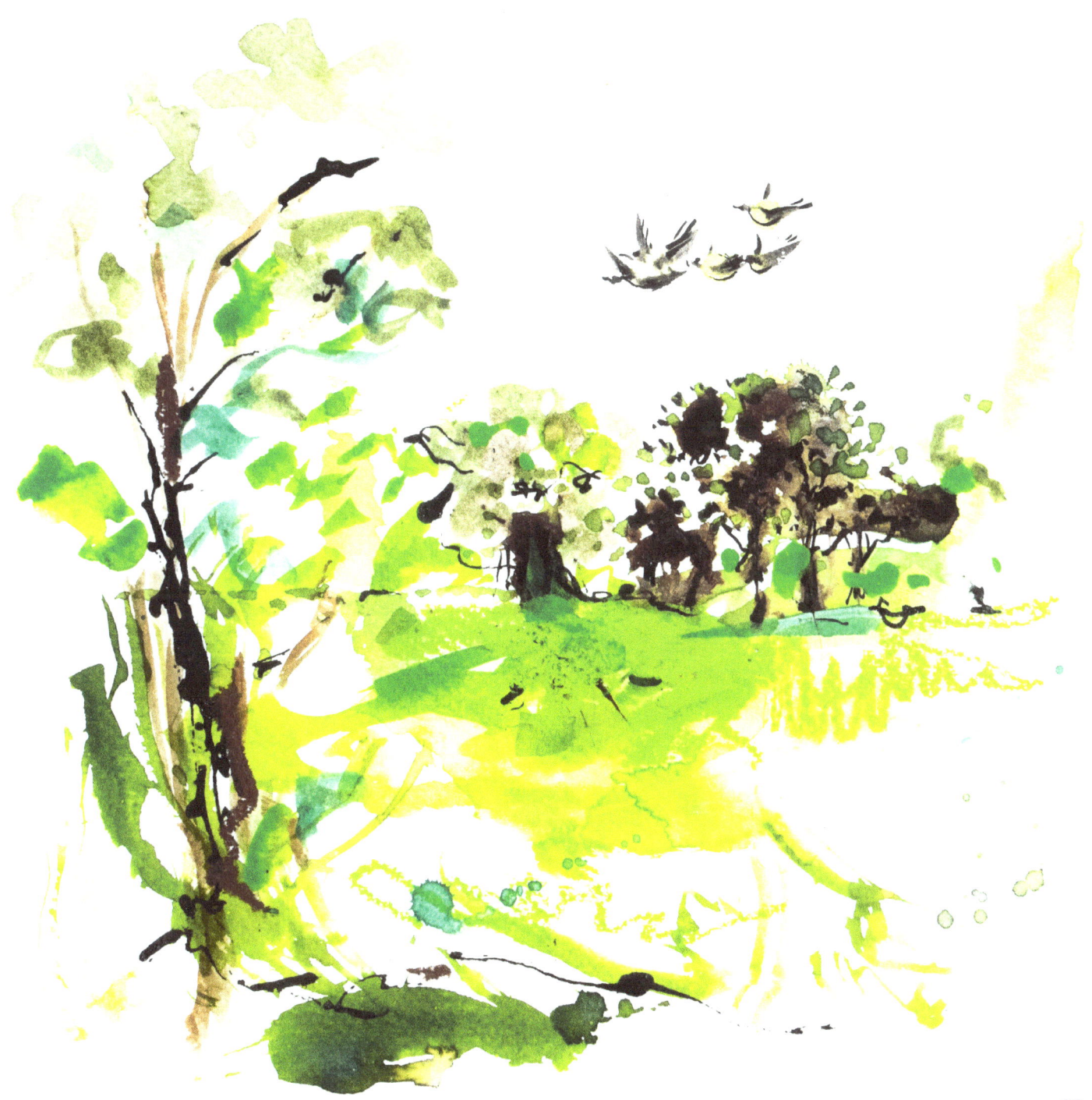

Un martin pescador,

mi cesta con la fruta.

Él busca un pez...

Un martin pêcheur,

mon panier plein de fruits.

Il débusque un vif...

This is kingfisher, my basket is full of fruit. He's searching for fish...

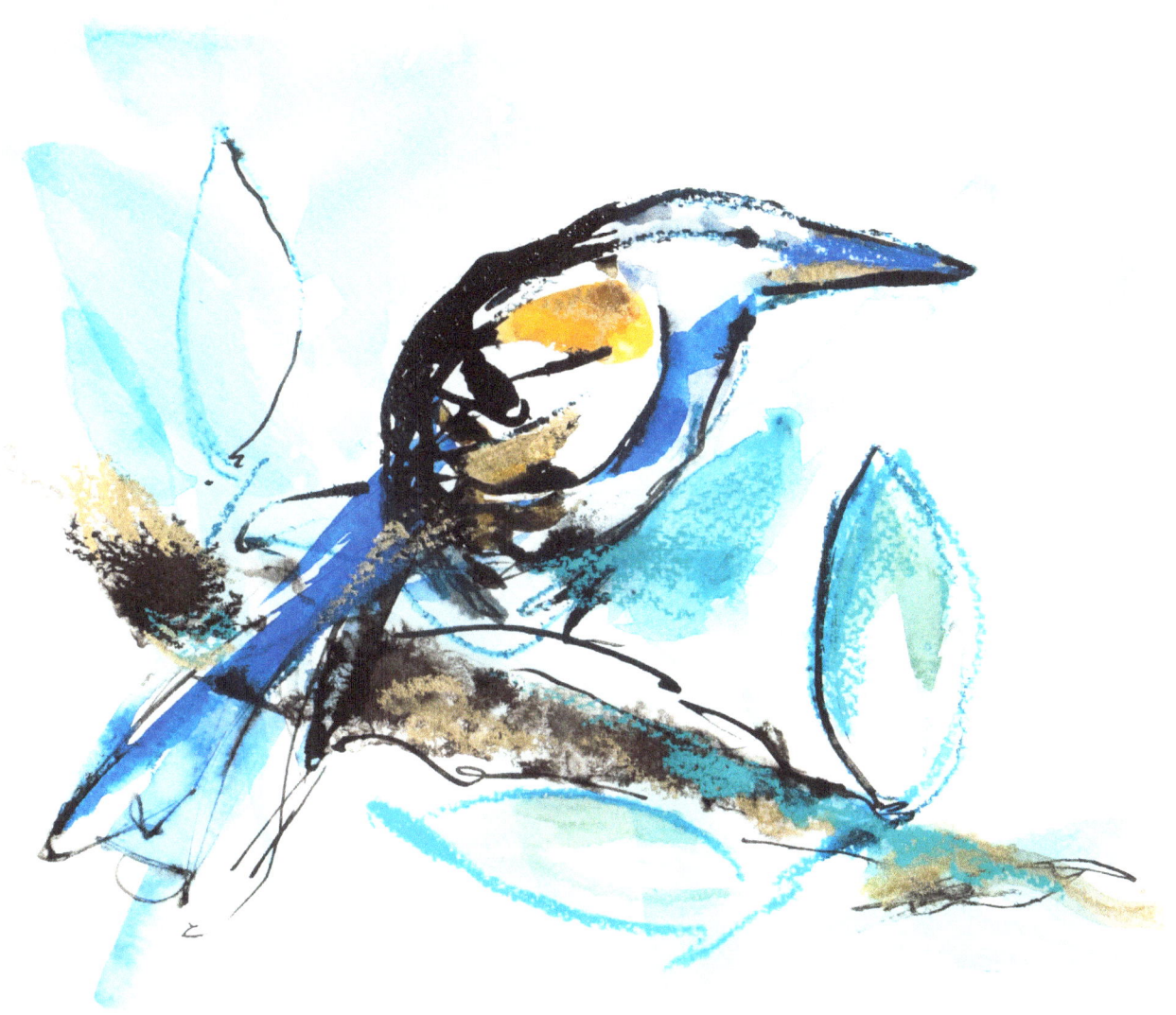

35

Después de llover,

la jaula de color,

un día de sol...

Il vient de pleuvoir,

dans sa cage de couleur,

un jour de soleil...

* Just after downpour, inside its colorful cage, single sunny day...

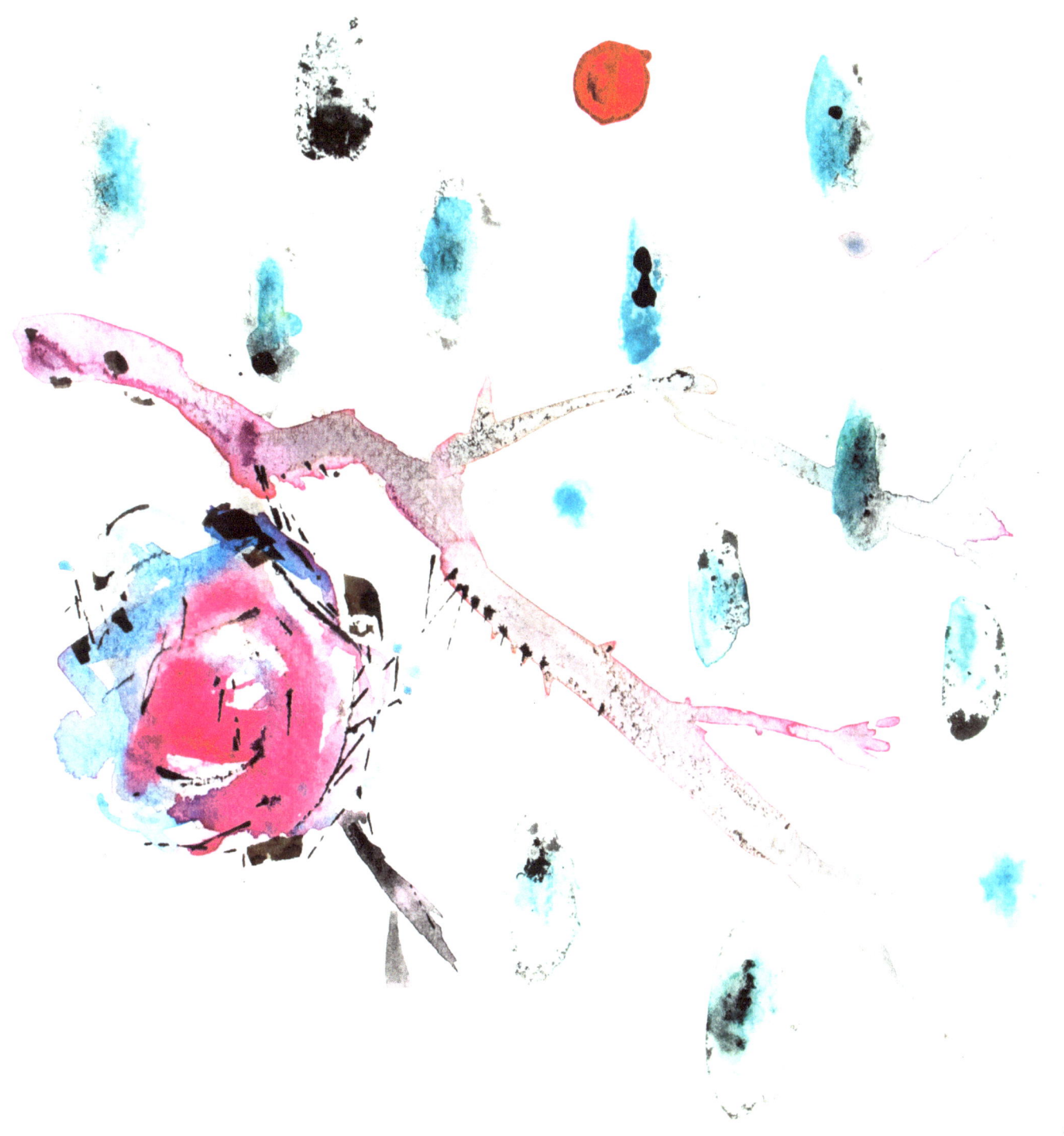

Albor de Julio,

posado en la valla,

vista lejana...

Matin de Juillet,

posé sur la barrière,

il voit au loin...

Morning of July, he stands quiet up on the fence, looking horizons...

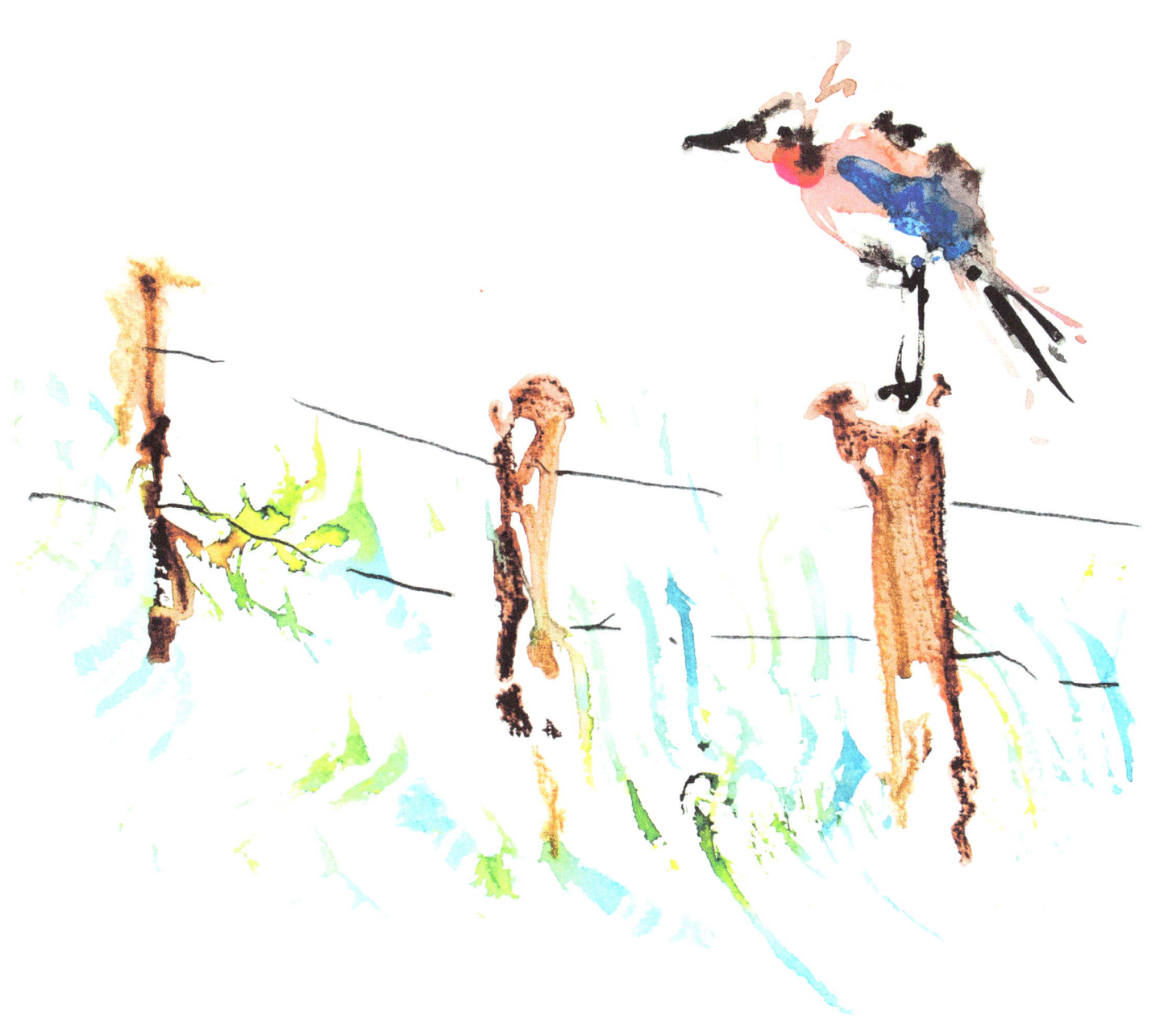

Rojo y negro,

pequeño bicho tonto,

pasea feliz.

En rouge et noir,

une sotte bestiole,

marche heureuse.

* *Black and Red insect, I see the little beastie, walking happily.*

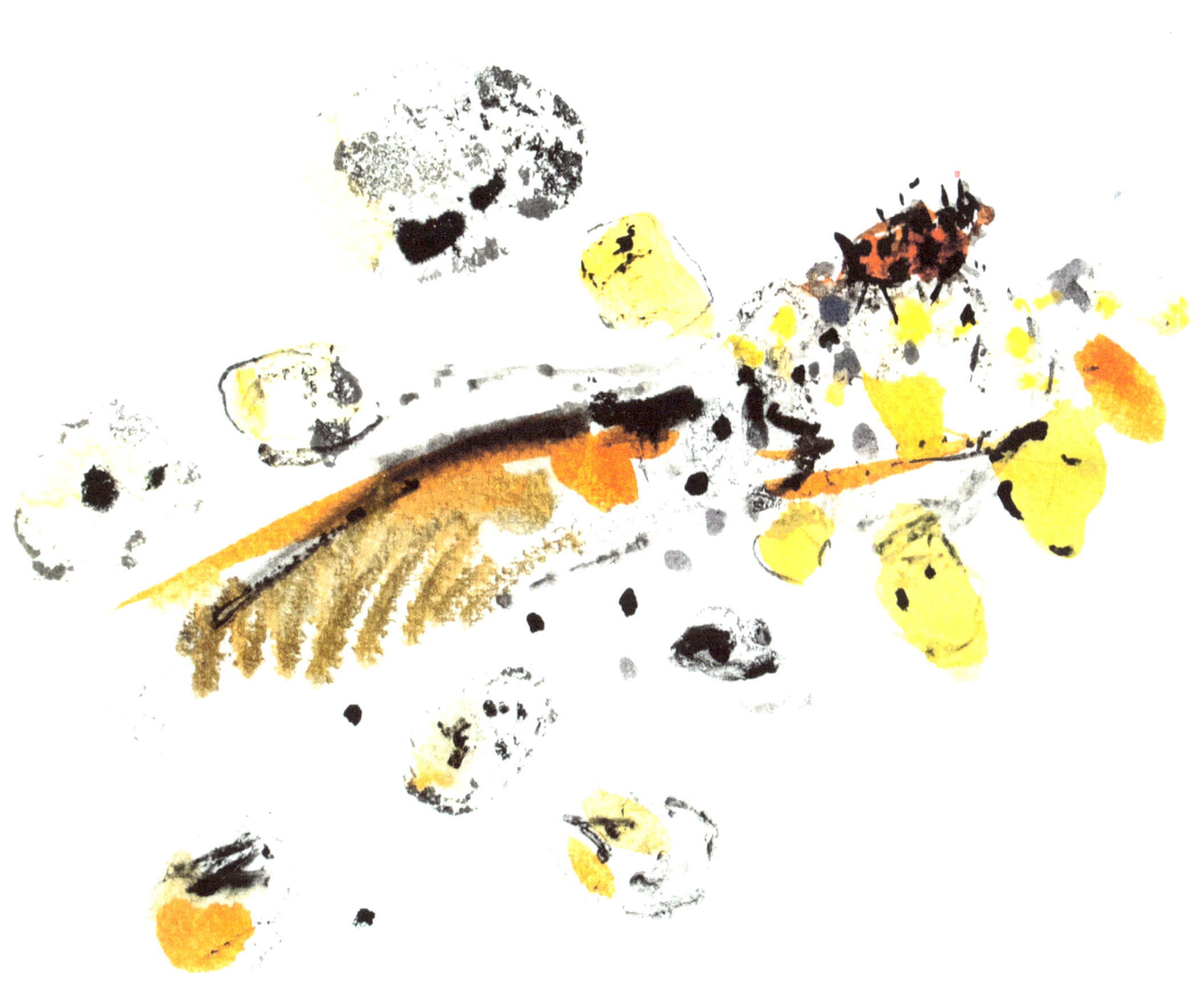

Acuarela y

tarta de Frambuesa,

cerca de París.

Aquarelle et

tarte à la framboise,

si près de Paris.

* The watercolour and smell of raspberry cake. It's near Paris.

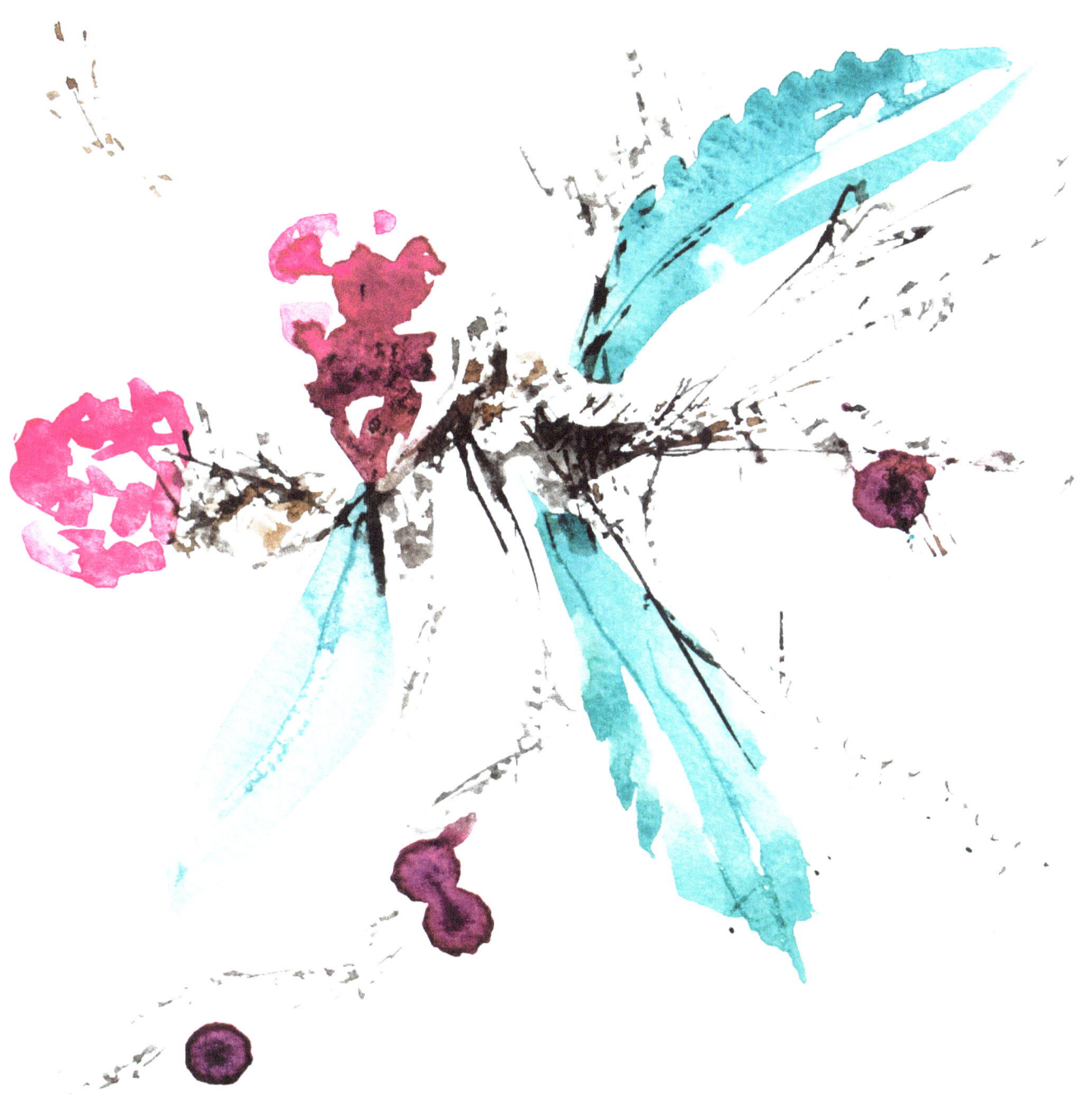

43

Mira muy lejos

el pájaro cazador.

Cae la tarde...

Scrutant le lointain

c'est un oiseau de proie.

Le soir va tomber...

Looks so far away, here is a bird of prey. Twilight is coming...

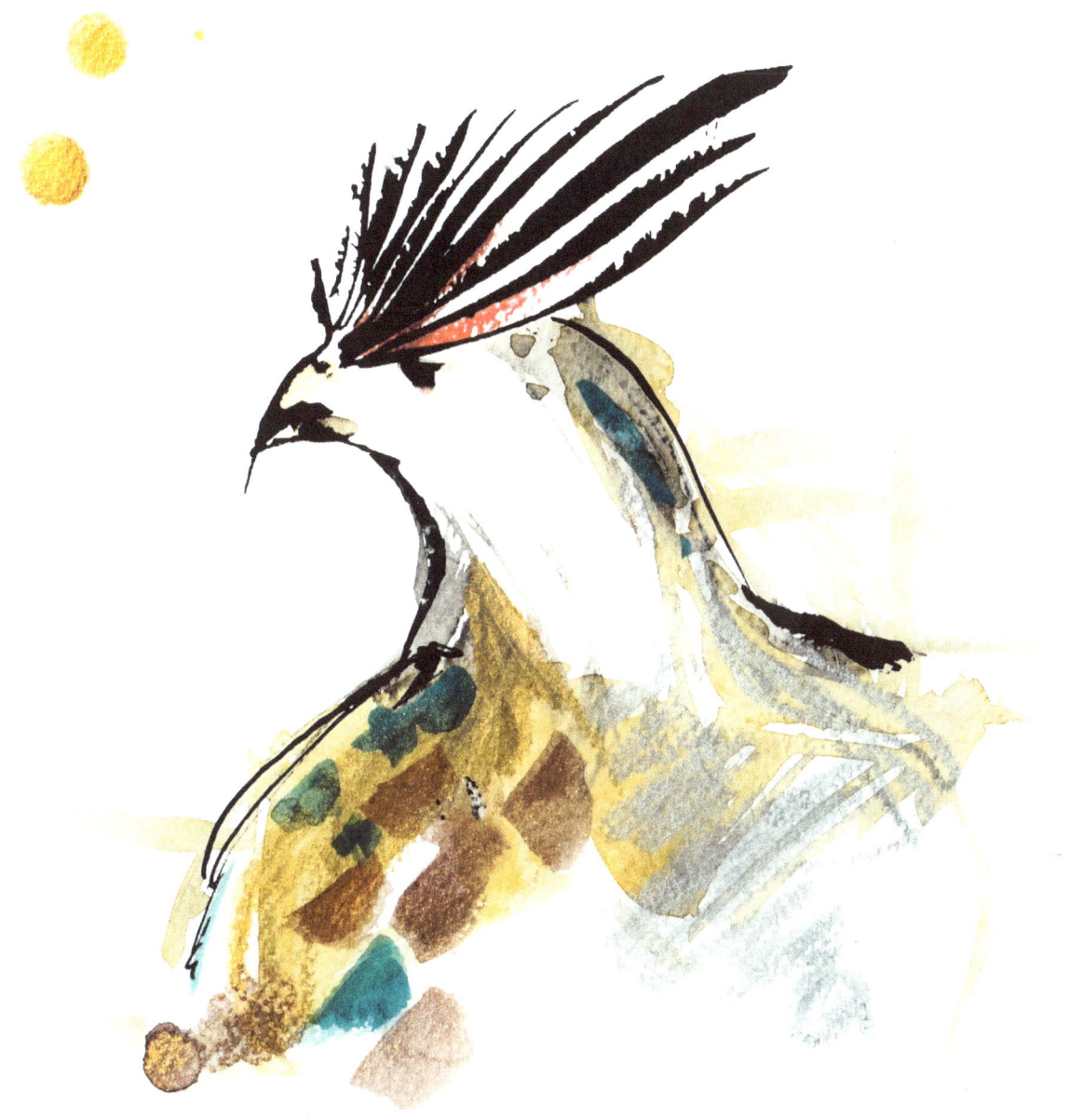

Yo en el prado...

Cinco halcones llegan,

respiran vida...

Assis là dans l'herbe...

Viennent soudain cinq faucons,

respirant la vie...

* I sat in the grass... Five falcons come in the air, a breath so strengthfull...

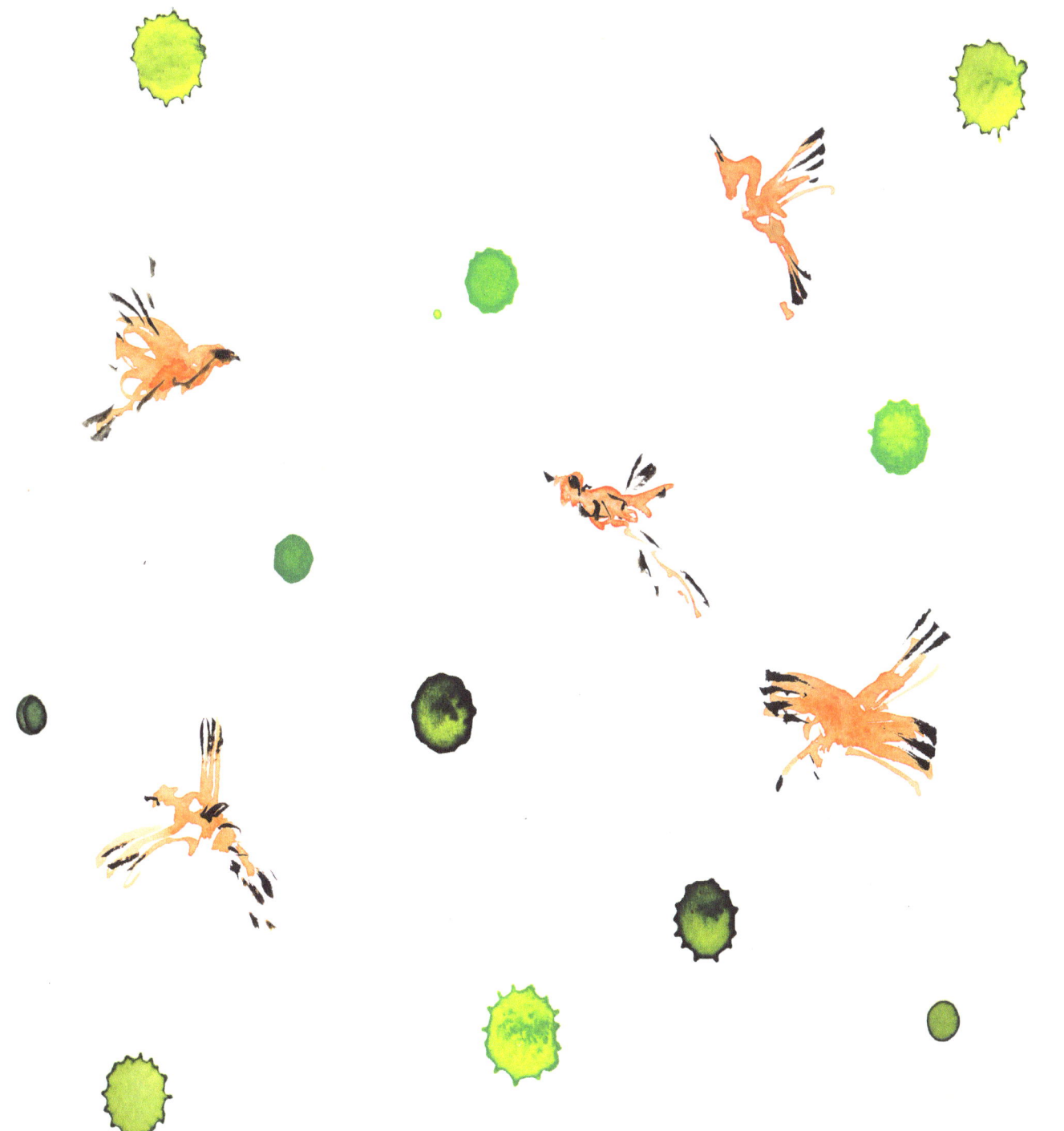

Un ciervo corre.

Parado en el valle :

el sol es oro.

La course du cerf.

S'arrête dans la vallée:

soleil brun et or.

A deer on the run, stopping in the valley...A golden brown sun.

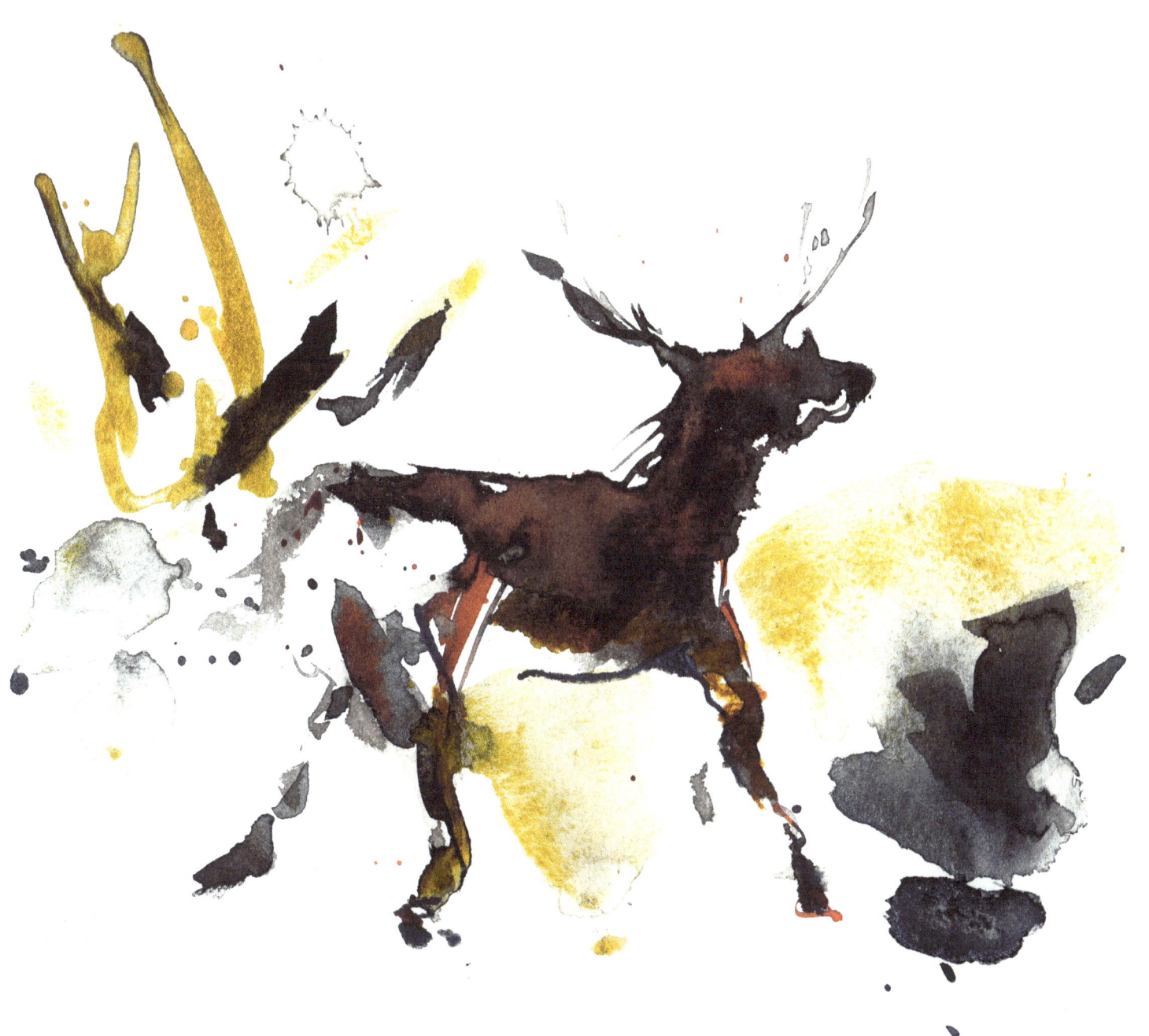

Negro y azul,

se mece en la rama.

Brisa del Este...

De noir et d'azur,

aux brindilles accroché.

Le vent d'est se lève...

* *Black and blue, clutching at straws, east wind coming...*

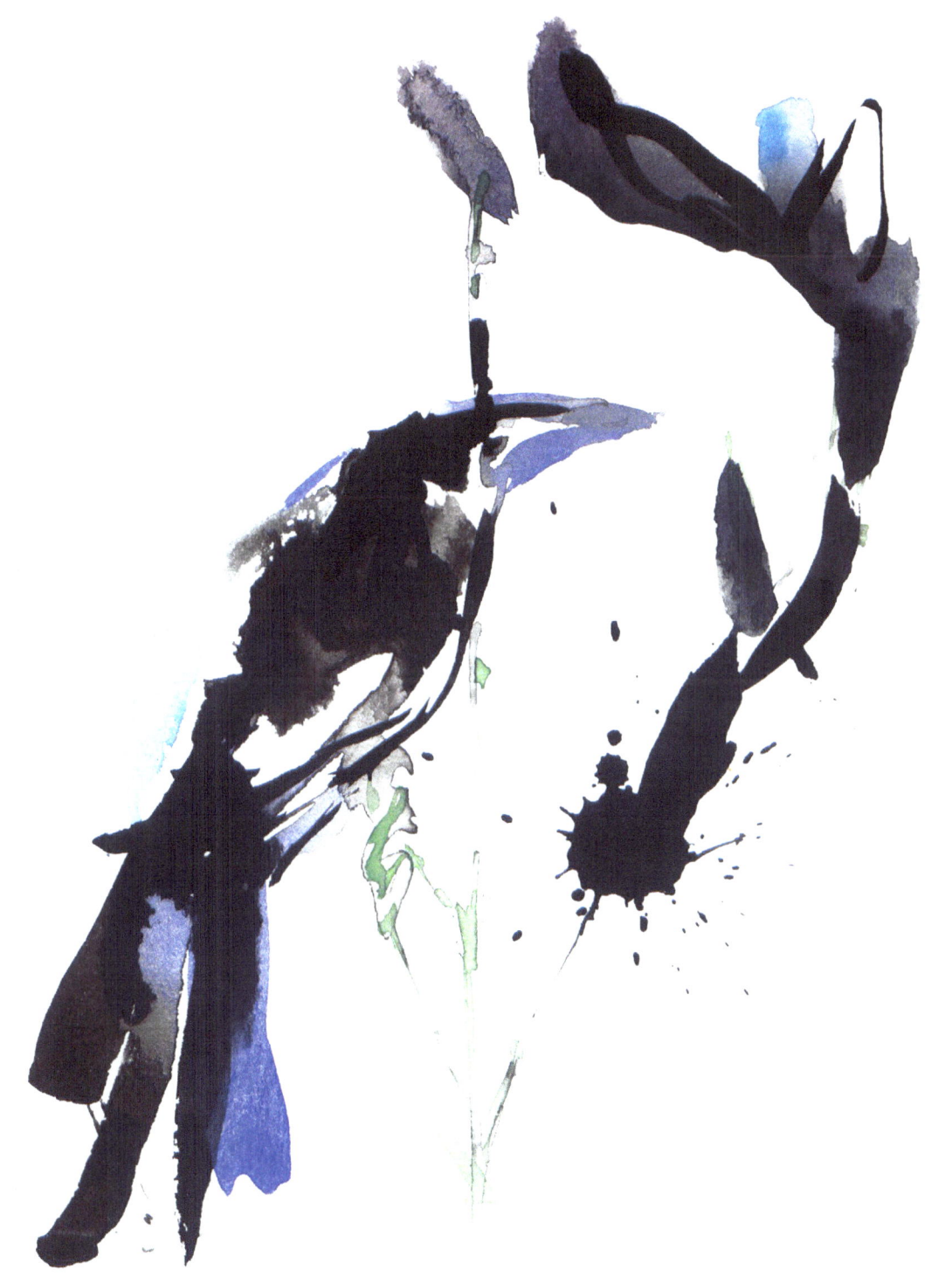

51

Pájaros rojos

de corazón de león,

por la mañana !

Là les rouge-queues

Ils ont un coeur de lion,

c'est un beau matin !

Do you see redstarts? They have got a lion heart, just in one morning !

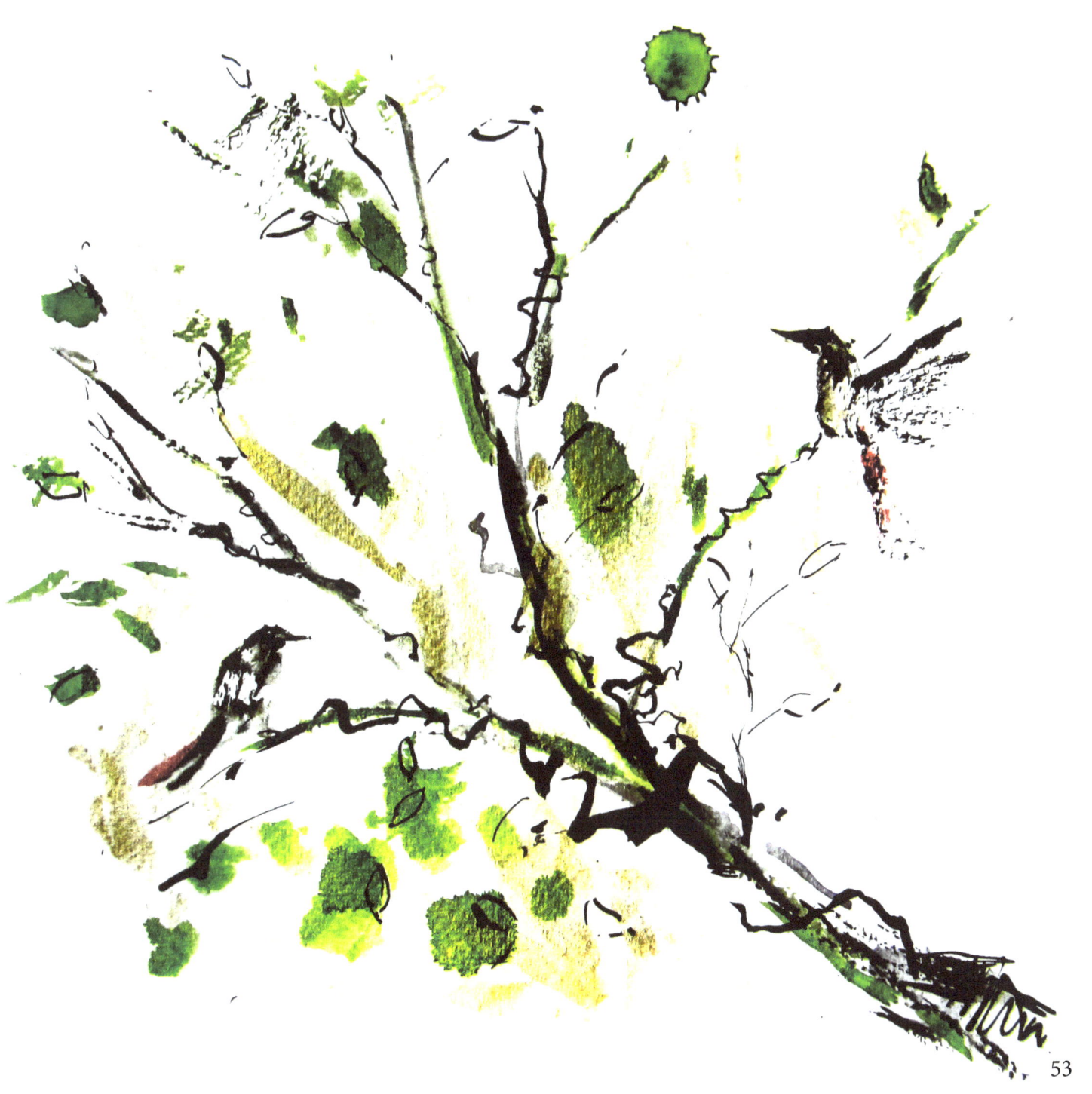

53